Töging
am Inn

Ein Bilderbuch

Zusammenstellung und Texte:
Robert Tiefenthaler
Wolfgang Bittner

Geiger-Verlag, Horb am Neckar

ISBN 3-89264-545-0

Alle Rechte bei
Geiger-Verlag, 7240 Horb am Neckar
1. Auflage 1991
GD 1904 05 1 BC
Layout: L. v. Thomas
Gesamtherstellung: Geigerdruck GmbH, Horb am Neckar

Vorwort

Ein Bilderbuch von Töging am Inn mit Fotografien aus längst vergangenen Tagen den Tögingern anzubieten, ist ein Werk, auf das viele Bürger schon lange gewartet haben. Nun liegt es vor Ihnen und wird in manchem Alteingesessenen viele Erinnerungen wachrufen; unseren jüngeren oder in späteren Jahren zugezogenen Mitbürgern soll es einen Eindruck vermitteln, wie die Groß- und Urgroßeltern in der vorindustriellen Zeit Tögings und während der Umstrukturierung gelebt haben.

Das 20. Jahrhundert neigt sich mit Macht seinem Ende zu, so daß es höchste Zeit war, noch vorhandenes Bildmaterial zu dokumentieren. Gerade die Nachkriegszeit hat das Töging der Industrialisierungsepoche in den 20er und 30er Jahren so wesentlich verändert und wachsen lassen, daß oftmals nur noch schemenhaft Vorstellungen von der „guten alten Zeit" vorhanden sind.

Die Stadt Töging am Inn und auch der Heimatbund Töging am Inn e. V. danken allen, die mit Bildern und Wissen, mit ihrer Arbeit und ihren Anregungen dazu beigetragen haben, ein Stück Töginger Vergangenheit für Gegenwart und Zukunft festzuhalten. Dieses Buch soll ein Kleinod sein, Ausdruck des Geschichtsbewußtseins und der Verbundenheit mit der Heimat.

In diesem Sinne wünsche ich allen Tögingern, vor allem auch früheren Mitbürgern, die es aus vielerlei Gründen in die Ferne gezogen hat, viel Freude bei der Suche nach bekannten Gesichtern auf den einzelnen Fotografien und Stunden der Muße beim Blättern in diesem kleinen Werk.

Töging am Inn, März 1991

Max Saalfrank
1. Bürgermeister

Geschichtlicher Überblick

Töging am Nordufer des Innflusses, elf Kilometer von Neuötting und sechs Kilometer von Mühldorf entfernt, an der Bahnlinie München—Simbach gelegen. Naturräumlich gehört der Gemeindebereich im wesentlichen zur Inn-Salzach-Schotterplattenlandschaft.

Die Töginger Niederterrasse stammt aus der Zeit nach der letzten Vereisung, die in einer durchschnittlichen Meershöhe von 400 Meter N.N. eine Breite von rund drei Kilometern erreichte.

Die nördliche Gemeindegemarkung reicht über den Isenfluß, sich erhebend auf das unterbayerische tertiäre Hügelland.

Das alte Zeilendorf Töging zieht sich unmittelbar am Niederterrassenrand hin mit seinen Bauernhöfen in Dörfern, Weilern und Einöden. Die Landstufe überwindet eine Höhe von etwa 30 Metern. Der Alluvialboden des Inntales ist mit Auwäldern bedeckt und der Fluß selbst hat sich heute in den tertiären Untergrund eingegraben.

Der Gemeindebereich scheint schon in frühgeschichtlicher Zeit von Menschen bewohnt gewesen zu sein, da an den beiden Ufern des Flusses und im Innbett selbst, über 80 Funde aus der Bronze- und Eisenzeit gemacht wurden.

Als eines der schönsten, bisher bekannten Stücke, konnte der letzte Fund, das im Jahre 1954 gefundene guterhaltene Bronzeschwert der Stufe „Hallstatt" ca. aus dem Jahre 1000 v. Chr. = jüngere Urnenfelderzeit, mit reich verziertem Griff (Dreiwulstknauf), laut Aussage des Bayerischen Hauptstaatsarchivs München, Abt. I vom 22. September 1954, bezeichnet werden.

Eine Spur, der von Salzburg nach Regensburg führenden Römerstraße, konnte westlich von Töging, im Sollerholz entdeckt werden, und ist vom Landesamt für Denkmalpflege dokumentiert.

In unmittelbarer Nähe wurden sechs Brandgräber mit dazugehörigen Funden (wie Urnen, Münzen, Spangen und Glasstücken), und Grundmauern eines römischen Viereckbaues entdeckt.

Der Ort Töging wurde bereits im Salzburger Urkundenbuch I 242 um das Jahr 1050 als „Teginingum" bezeugt. Er war landesherrliche Hofmark.

Im Salzburger Urkundenbuch kommt der Name „Tegino oder Tagino" öfter vor. Auch in Apians Topographie von 1568 heißt der Ort „Tegning".

Während die Römer ihre Niederlassung als Brückenkopf unmittelbar am Inn hatten, siedelten die Germanen auf der Niederterrasse. Auf ihr sind nämlich die Reihengräber gelegen, die in den Jahren 1934 und 1955 an der Asamstraße aufgefunden wurden.

Die erste Urkunde, die sich mit Sicherheit auf Töging bezieht, stammt erst aus dem Jahre 1300:

Im Salbuch des Herzog Heinrich des XIV. von Niederbaiern ist Töging als Urbaramt (ampt zu Tegnung) mit 27 Urbargütern aufgeführt.

Aus den ältesten Katastern für den Steuerdistrikt Töging (Kreisarchiv München, Kataster Burghausen, Nr. 40 A–C), in denen jedoch bei der Säkularisation erloschene Jurisdiktionen und Grundherrschaften nicht angegeben sind, geht hervor, daß in Töging ausschließlicher Gerichtsherr das Landgericht Neuötting und, abgesehen von ganz geringerem Eigenbesitz, die Rentämter Burghausen und Neuötting die ausschließlichen Grundherren waren.

Auch aus den Steuerbüchern des Landgerichtes Neuötting, ist zu ersehen, daß 31 Güter zum Kastenamt in Burghausen, je ein Gut zum Kollegialstift Mühldorf und zum Schloß Tüssling gehörten und ein Gut war ludeigen.

Ein alter Ortsadel bestand in Töging, im Gegensatz zu vielen anderen Orten des Landkreises, im Hochmittelalter nicht.

Am Zustand des Dorfes Töging änderte sich Jahrhunderte hindurch nicht viel. Schon 1512 war Töging ein eigener Steuerdistrikt mit 38 Anwesen, 1760 waren es 41

Besitzungen. Nach der Umlageliste vom Jahre 1912 war die Zahl auf 155 angewachsen.

Abgesehen von der schmalen Dorfstraße gab es nur einige Prügelwege. Das spätgotische Kirchlein „um 1500", stand auf etwas erhöhtem Platz in der Reihe der Bauernhöfe. Dörfliches Handwerk, wie „Schmied, Wagner, Maurer etc." existierten schon seit altersher, dazu einige Krämereien und auch zwei Gasthäuser.

Kaum ein nennenswertes Wachstum der Bevölkerung Tögings konnte zwischen 1840 und 1919 verzeichnet werden und schwankte zwischen 373 und 504 Einwohnern.

Im allgemeinen blieben die Höfe, wie auch der Ort selbst, vor größeren Katastrophen verschont. Lediglich in den Türkenkriegen mußte Töging, zusammen mit den Kirchen in Erharting und Frixing, drei Jahre hindurch 150 fl als Kriegssteuer aufbringen.

Der Kirchenbesitz wurde z. Zt. Napoleons im Jahre 1803 säkularisiert. Das Gotteshaus wurde nicht geschlossen und auch nicht entweiht.

Erst 1917 gab es einen Ansatz zur Industrialisierung: Die Terrassenlage des Gebietes hatte sich prädestinierend angeboten, in Töging eine Wasserkraftanlage zu errichten.

So wurde am 27. April 1917 die Firma Innwerk-Bayerische Aluminium-Aktiengesellschaft "mit dem Sitz in München" gegründet und damit in der Zeit von 1919 bis 1924 ein Wasserkraftwerk und eine Aluminiumhütte errichtet.

Der Standort in Töging war zum einen, wie schon erwähnt, durch die natürliche Landstufe geeignet und zum andern war ein geeignetes Gelände für einen größeren Industriebetrieb vorhanden.

Durch den Bau dieser beiden Werke und den darauffolgenden Betrieb derselben, bekam Töging wirtschaftlich einen kräftigen Impulsstoß, so daß sich die Bevölkerungszunahme von 1919 bis 1933 um fast 200 % erhöhte.

Durch weiteren Ausbau für Aluminiumgewinnung zwischen 1933 und 1939 nahm die Bevölkerungszahl wiederum ca. 100 % zu.

Die gestiegenen Lebens- und Erwerbsmöglichkeiten in Töging, wirkten sich besonders auf die umliegenden landwirtschaftlichen Gemeinden der Landkreise Mühldorf — Altötting aus, kam doch ein erheblicher Teil der Beschäftigten aus dem landwirtschaftlichen Sektor.

Wegen des Zuzuges Arbeitsuchender nach Töging, gab es hier große Wohnungsprobleme, die aber durch die Gründung einer Baugenossenschaft den Arbeitern Möglichkeiten verschaffte, sich eigene Heime zu erwerben.

Und so entstanden, um den Ort herum verstreut (außer der Wasserschloßsiedlung, der Siedlung Huber am Ort und der Siedlung Eichfeld, die durch das Innwerk erstellt wurden) auch die Siedlung Höchfelden, Die Reindlsiedlung, die Wildsiedlung und ab 1937 in Baulosen, die größte, die Stammarbeitersiedlung, wobei sich jeder Erbauer seines Häuschens erfreute und auch die Möglichkeit hatte, Kleinvieh, bis zum Schwein und der Ziege zu züchten um damit seine wirtschaftliche Lage zu verbessern.

Wegen des Zustroms von Neusiedlern, wurden auch die Leistungsstärke der vorhandenen Gemeinschaftseinrichtungen zu wenig. Dieses zwang dazu, vorhandene zu erweitern und zugleich neue zu schaffen.

So entstanden: 1936 die Großgaststätte (sprich Hotel Törringhof), die neue Werkskantine und 1938 wurde das Rathaus, welches im Gebirgsstil erbaut wurde, schon bezogen.

Die Geschichte der „Alten Kirche" in Töging am Inn, dürfte bis ins 11. Jahrhundert zurückreichen. Die erste Urkunde in der die „Alte Kirche" erwähnt ist, stammt aus dem Jahre 1300.

Zusammen mit der Aufzählung der herzoglichen Bauernhöfe, heißt es in diesem Salbuch: „Aber bei der chirchen dez Maierhofer hub" gingen die beiden Bauernhöfe zum „Kyrer" und zum „Lehner" hervor, die in den 60er Jahren im 20. Jahrhundert, dem Ausbau der Ortsdurchfahrt weichen mußten.

An der Stelle, an der heute die „Alte Kirche" steht, hatte vermutlich schon zur Zeit der Beurkundung des Ortes

„Tenginingun" im Jahre 1050 eine Kirche bestanden. Diese romanische Kirche ist vermutlich einmal den Flammen zum Opfer gefallen, da beim Anbau der neuen Kirche im Jahre 1923 angebrannte Tuffsteine gefunden wurden.

Auf Grund ihres Alters und ihrer Bauform und Ausstattung ist sie zweifellos als Bau- und Kunstdenkmal von überörtlicher Bedeutung.

Es wird angenommen, daß die jetzige „Alte Kirche" nach Plänen des berühmten Baumeisters Hans Stetthaimer aus Burghausen erbaut worden ist.

Am 1. Dezember 1921 wurde in Töging eine eigene Seelsorgestelle errichtet, und der Priester „Kaspar Marschall", vordem Kaplan in Bad Reichenhall, als Koadjutor in der Pfarrei Erharting mit dem Sitz in Töging angewiesen und vom erzbischöflichen Ordinariat München, mit der Seelsorge der einheimischen Bevölkerung und den ca. 3000 Arbeitern beim Kanalbau, beauftragt.

Das Jahr 1922 brachte die Erhebung Tögings zur eigenen Pfarrei. Bis zu diesem Zeitpunkt war im Dorf nur eine Filiale der Nachbarpfarrei Erharting gewesen.

Schon im Jahre 1922 wurde das Pfarrhaus an der heutigen Erhartingerstraße erstellt und am 31. August 1922 wurde vom Staatsministerium für Unterricht und Kultus die Errichtung einer Pfarrei in Töging genehmigt. Die Expositur von Töging wurde am 16. Dezember 1922 aus der Pfarrei Erharting gelöst und von Kardinal Faulhaber zur selbständigen Pfarrei „St. Johannis baptista" erhoben.

Erster Pfarrer war Kaspar Marschall, der auch sofort an den Erweiterungsbau für eine Töginger Pfarrkirche hinarbeitete. Am 22. Juli 1923 war die Grundsteinlegung und schon nach 118 Tagen, am 11. November 1923, wurde die Kirche durch den Erzbischof Kardinal Faulhaber konsekriert.

Durch die arge Vergrößerung der Zahl der Pfarrgemeindemitglieder, bemühte sich Pfarrer Marschall auch für die Stammarbeitersiedlung eine eigene Kirche zu erstellen.

Der erste Spatenstich wurde am 27. August 1951 vollzogen und leitete damit den Beginn des Kirchenbaus ein. Am 23. September 1951 nahm Weihbischof Dr. Anton Scharnagl die Grundsteinlegung hierfür vor, und schon am 21. September 1952 wurde das Bauwerk durch den Weihbischof Dr. Scharnagl konsekriert.

Am 27. Juli 1959 wurde Kurat Josef Rosenegger die Investitur erteilt und am 1. August 1959 erfolgte die Erhebung zur selbständigen Pfarrei St. Josef, wobei hier auch Kurat Josef Rosenegger als erster Pfarrer fungierte.

Durch den Ortspfarrer Marschall, wurde im Jahre 1927 an der heutigen Innstraße eine Schwesternstation errichtet, die 1928 von den Schwestern aus dem Kloster der Franziskanerinnen in Obersaßbach/Erlenbach bei Achern in Baden, bezogen werden konnte. Sie übernahmen die Betreuung des ebenfalls 1928 errichteten ersten Kindergartens, und führten im Gemeindebereich die Krankenpflege durch.

Auf Veranlassung der Innwerk AG erbaute die Gemeinde in den Jahren 1929 bis 1930 an der Hubmühle, ein Schwimmbad mit einem Becken und Kabinenanlagen, eine Gemeinschaftseinrichtung, die zu dieser Zeit in Gemeinden der gleichen Größenordnung wohl beispielgebend war.

In den Jahren 1937/38 erbaute man im Ort ein Rathaus, im oberbayerischen Baustil. Die Gründung einer Stromversorgungsgesellschaft wurde im Januar 1941 vollzogen, an der sich die Innwerk AG zu 60 % und die Gemeinde Töging zu 40 % beteiligte. Durch sie wird der größte Teil der Gemeinde mit elektrischem Strom versorgt.

Durch die Vergrößerung der Bewohnerzahl wurde es notwendig, eine medizinische Versorgung am Ort zu gewährleisten.

Nach dem damals gültigen Apothekenrecht, mußte die Regierung die Apothekenkonzession für Töging im gesamten deutschen Reich ausschreiben. Die Regierung entschied sich 1941 für Eduard Rohmeder, damals Pächter der Stadt-Apotheke in Schongau.

Die Gemeinde entschloß sich, selbst ein Gebäude für die neue Apotheke mit Wohnung zu errichten. Dafür bot sich ein nicht mehr bewirtschafteter Bauernhof und Wagnerei Haus Nr. 39 an, der dann abgerissen wurde. An dieser Stelle (heutige Innstraße 4) entstand durch die Gemeinde das Apothekengebäude, in dem 1941/42 durch Eduard Rohmeder die „Inntal-Apotheke" gegründet wurde.

1952/53 wurde in der Amtszeit des Bürgermeisters Franz Förg, der 1923 neuangelegte, aber zu klein gewordene Friedhof erweitert. In der ersten Grabstelle der vergrößerten neuen Friedhofsanlage wurde der am 7. Februar 1953 verstorbene 1. Bürgermeister Herr Franz Förg mit großem Trauergeleit aus nah und fern der Erde übergeben.

Was tat sich im Schulbereich?

Die Schüler der Gemeinde Töging mußten die Schule in Erharting besuchen. Da aber die Zahl der schulpflichtigen Kinder in der Bauzeit der Aluminiumhütte und der Innwerk AG, sich derart vergrößerte, befaßte sich der Gemeinderat schon im November 1921 mit dem Problem und stellte sich die Aufgabe, für Töging eine eigene Schule zu bauen. Dieser Plan mußte aber wegen Finanzschwierigkeiten zurückgestellt werden.

Auf Veranlassung des Bezirksamtes Altötting wurde am 7. Juni 1923 der Plan eines Schulhausneubaues wieder aufgegriffen. Man einigte sich bei den Verhandlungen mit der Innwerk AG, daß an Stelle eines massiven Schulhausbaues, durch die Firma Innwerk AG, auf dem Grundstück des heute bestehenden Töginger Rathauses, zwei Schulbaracken in Holz geliefert und erstellt werden. Am 1. November 1923 konnten die Schulräume von 88 Kindern und zwei Lehrkräften bezogen und der Lehrbetrieb aufgenommen werden.

Durch den weiteren raschen Anstieg der Schülerzahlen, wurden auch in den hier geschaffenen Baracken der Raum zu wenig, um einen geregelten Lehrbetrieb aufrecht zu halten. Wiederum war der Gemeinderat genötigt, sich für einen weiteren Schulhausbau einzusetzen und einen Beschluß herbeizuführen.

Schon am 6. Februar 1931 war Baubeginn für ein Schulhaus an der Erhartingerstraße. In einer Feierstunde am 1. September 1932 wurde dieses Schulhaus schon der Schuljugend übergeben.

Und wieder einige Jahre später, erhöhte sich die Zahl der Schüler wegen steten Zuzug von Arbeitnehmern derart schnell, daß sich der Gemeinderat am 5. Oktober 1938 wiederum gezwungen sah, für eine Erweiterung von Klassenräumen zu sorgen.

Im Jahre 1941 sollte in der Stammarbeitersiedlung, auf dem von der Gemeinde Töging erworbenen Grundstück, des Landwirts Franz Hartan, (Ruschstraße 6 — heute: Harter Weg) ein neues Schulhaus errichtet werden. Dieser Plan war aber im 4. Kriegsjahr nicht mehr durchführbar.

Durch die Wirren des Zweiten Weltkrieges und in der Nachkriegszeit 1945, in der sich die Soldaten des amerikanischen Heeres in dem Schulhaus einquartiert hatten, war kein Schulbetrieb durchführbar, doch die Schülerzahl schnellte inzwischen, bedingt durch die Aufnahme des Flüchtlingsstromes und der Ausgewiesenen auf 1469 Kinder an.

Als die Schule von den Amerikanern wieder freigegeben wurde, mußten ab 1. Oktober 1945 25 Schulklassen im Schulhaus und drei Schulklassen in einer Baracke des Innwerkes von 22 Lehrkräften unterrichtet werden.

Da die Raumfrage in der Schule zu immer größeren Notsituationen führte, entschloß sich wiederum der Gemeinderat wiederum, einen Erweiterungsbau an der Westseite des Schulhauses zu errichten, der im September 1949 bezogen werden konnte. Die Raumnot war dadurch nur gelindert, und das Haus blieb doch überfüllt.

Erst 1959 beschloß der Gemeinderat nunmehr, das schon 1941 vorgesehene neue Schulhaus in der Stammarbeitersiedlung zu errichten. Schon am 1. Oktober 1961 war der erste Bauabschnitt bezugsfertig. Die feierliche Einweihung dieses Bauabschnitts erfolgte am 17. November 1961.

1972 wurden insgesamt 1240 Schüler in Töging unterrichtet, davon 425 in der Schule I und 815 in der Schule II.

Es führt ein weiter Weg von den primitiven Anfängen des Jahres 1923 bis zum Schulbetrieb der heutigen Zeit.

Im Verlauf des letzten halben Jahrhunderts machte die Ortsentwicklung Tögings die größten Fortschritte, obwohl es 1950, durch den Befehl der amerikanischen Besatzungsmacht zur Demontage der elektrischen und maschinellen Anlagen des Ofenhauses III der Vereinigten Aluminiumwerke, mehr nach Niedergang aussah.

Glücklicherweise konnte 1951 die Demontage wieder gestoppt werden, so daß sich ein moderner Wiederaufbau anschließen durfte. Der Aufbau der Aluminiumwerke

Ansicht der alten gotischen Kirche aus dem Jahre 1900.

wurde seither systematisch vollzogen, so daß Innwerk und VAW heute als moderne Betriebe in Töging, der Existenz der Einwohner Sicherheit bieten können.

Der Aufbau und die Neuansiedlungen von Industrieanlagen, Wohnblöcken, Ein- und Zweifamilienhäusern, Einkaufszentren, die Friedhofserweiterung,der Bau einer Mehrzweckhalle, eines Feuerwehr- und Rotkreuzzentrums und vieles mehr, sowie die Stadterhebung im Jahre 1972, haben Töging zu einem Ort gemacht, in dem das Leben lebenswert ist.

Robert Tiefenthaler

Nordseite der alten gotischen Kirche St. J. Baptist.

Teilansicht des Dorfes aus dem Tal.
Oben links Mitte — Fassade des Lehnerhofes,
dann Kirche, rechts Kyrerhof.
Im Vordergrund, links: Hörlgütl, Mitte der
Schwerzenhof, und rechts das Eckergütl.

Innenansicht der alten gotischen Kirche
St. Johann Baptist.

Die Westfassade des Neubaues in Verbindung mit der „Alten Kirche St. Johann Baptist“. Aufnahme vom 6. 5. 1924.

Inneres des neugebauten Teiles der Kirche. Aufnahme vom 6. 5. 1924.

*Auf einem geschmackvoll
dekorierten, pferdebespannten
Wagen, wurden die ersten beide
Glocken kurz vor Weihnachten
1925 angefahren.
Sie wurden von weißgekleideten
Mädchen begleitet.*

*Nach der Ansprache des Bürgermeisters und
des Ortspfarrers wurden die Glocken der
höheren Bestimmung zugeführt und läuteten
bereits die heilige Weihnacht 1925 ein.*

Inschrift der Glocke: Was grauser Krieg uns vom Turme nahm,
und warf in die Reihen der Feinde, das hing der Glaube wieder auf
— und der Opfergeist der Pfarrgemeinde.

Ankunft der neuen Glocken. Glocken in Töging am Inn,
am 19. November 1950.

*Bereitstellung der neuangekommenen Kirchen-
glocken für die Weihe durch seine Exzellenz
Dr. A. Scharnagl, Weihbischof der Diözese
München-Freising, am 19. November 1950.*

*Der Neupriester Josef Wagner,
feierte am 8. Juni 1958 sein erstes
hl. Meßopfer in der Pfarrkirche
St. Johann.*

Der Entwurf dieses Heldenfriedhofes an der Südseite der Pfarrkirche wurde von
Pfarrer Marschall unter Mitwirkung des Kameraden Jörg Reichenbach erstellt.
Die zwölf eisernen Grabkreuze wurden von der Friedhofsverwaltung
Unterneukirchen käuflich erworben. Lehnerbauer Johann Neuberger übernahm
den Transport. Das Holzkreuz stiftete der Irberbauer Georg Huber.
Der Fahnenträger bei der Fahnenweihe und der Einweihung des Heldenfriedhofes
am 30. Mai 1926 war der Dienstknecht Josef Springer, die Fahnenmutter
Frau Maria Obergrusberger.

Das Holzkreuz wurde im Jahre 1933 erneuert, und steht
heute im dritten erweiterten Teil der Friedhofsanlage.

15

Das war vor der Turnhalle der Schule I errichtete Mahnmal, zum Gedenken der im II. Weltkrieg gefallenen Soldaten der Gemeinde, wurde im September 1953 entfernt, da am 13. 9. 1953 im neuen, erweiterten Friedhofgelände, ein durch den Bildhauer Schmoll erstelltes neues Denkmal, seitens des Ortspfarres und Geistlichen-Rates Marschall, enthüllt und geweiht werden konnte.

Im Jahre 1916 wurde der Moierbauer und 1. Bürgermeister der Gemeinde Töging, F. X. Wagner, wegen Brand auf seinem Hof selbst Brandleiter.

Baugrube bei der Erstellung des Krafthauses in Töging. Aufnahme IW 2. 10. 1921.

*Arbeitskolonne beim Kanalbau,
1921/22.*

*Arbeitsteam beim Krafthausbau,
1922/23.*

18

Kanalbrückenbau für die Straße nach Mühldorf. Die Straße im Mittelgrund, hinter den beiden Loren, war die ehemalige Landstraße nach Mühldorf.

Am 13. 11. 1924 waren die Turbinen und Generatoren im Krafthaus schon betriebsbereit.

1925.
Fabrikanlage
Töging, vom
Wasserschloß aus
gesehen.

1925. Wasserschloß und Krafthaus Töging, Südansicht mit Energievernichter.

*Schwerstarbeit für die Menschen: Abschöpfen des flüssigen Aluminiums von Hand,
auf den heißen Ofen stehend im Ofenhaus I.*

Die Herstellung von Reinaluminium in der Gießerei.

Ansprache zum Tag der Arbeit am 1. Mai 1934 auf dem Platz vor dem Verwaltungsgebäude der Aluminium-hütte.

Im Zweiten Weltkrieg mußten auch die Frauen ihren Einsatz an der Nippeldrehmaschine leisten.

Blick auf's alte Dorf: Von links Lehnerhof, Kirche St. Joh. Baptist, und Kyrerhof, Gillhuber Wirt, davor Pfaffenhuber Gütl, Sax Schmiede. Im Tal: Das Brunner Baader Häusl und das ehemalige Zuhaus vom Irberhof (Schmied Postbote). Aufnahme ca. 1926

Blick zur Terrasse: Wasserschloß-Siedlung, Schusterhäusl und Utzingerhof. Im Tal: von links Hörl, Haslinger/Fischer, Krämerei Ballerstaller, Wegmacherhäusl (Kühnstetter), links vorne Werkstraße.

Hauptstraße, Abzweigung der Innstraße. Von links: Moierhof, Gasthaus Spitzauer, Schwesternhaus, ehemaliges Fischergütl (heute Hofbauer), und die 1940/41 erbaute Inntalapotheke (heute Stromversorgung).

Ansicht von Töging, ca. 1950, vom Standort Tonerdesilo-Turm aus.

Das mittlere Dorf auf der Terrasse. Von links: Lehnerhof, Kirche, Kyrerhof, Sachs, Pfaffenhuber,
Sax Schmiede (heute Metzgerei Beierl), dahinter Gasthaus Gillhuber. Aufnahme ca. 1931.

Wasserschloßsiedlung (Wöhlerstraße).

Einweihung des Schwesternheimes im Oktober 1928.

Der erste Autounfall, im Jahre 1926 in Töging. Der Autofahrer wollte einem Hund ausweichen, streifte einen Radfahrer und landete am Abhang des Pfaffenhuberstadels. Schmerzensgeld für Radfahrer RM 70,—.

*Gasthof Gillhuber, vormals „Zum
Schusterwirth", Aufnahme 1905.
Von links: Kind Elisabeth Gillhuber,
Großmutter ElisabethG. geb. Starkl,
Magd Amalie ?, Großmutter Maria
Starkl, unbekannt, unbekannt.*

*Gasthof Gillhuber, 1925. 1. Knecht,
Familie Gillhuber: Vater Alois,
Mutter Maria, Tochter Elisabeth,
Tochter Franziska, Tochter Maria
Gillhuber, spätere Frau Wimmer.*

Firstfeier beim Bau des Gillhubersaales, 1926. Mitte stehend: Baumeister F. X. Käser, ganz rechts mit Hund, der Besitzer Alois Gillhuber.

Gaststätte Gillhuber bis zu deren Abriß im Jahre 1968.

Mittermeier Hof und Wagnerei Haus Nummer 39, wurde 1939 entfernt, um für den Apothekenbau Platz zu machen.

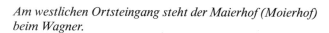

Am westlichen Ortsteingang steht der Maierhof (Moierhof) beim Wagner.

Der ehemalige Schwerzenhof, Besitzer Johann Pfaffinger.

Luftaufnahme: Lehnerhof, Kirche St. Joh. Baptist und Schule I.

Im Jahre 1968 mußte der Lehnerhof dem Straßenbau weichen.

Der fast abgetragene Kyrerhof,
Ende Februar 1964.

Das landwirtschaftliche Anwesen mit
Krämerei von Johann Seilinger, dem
langjährigen Darlehenskassen-
Verwalter und Pfarrmesner.

Ehemaliger Kyrerhof, heute Parkplatz an der Pfarrkirche.

Nach der Aussiedlung des Bauern wurde der Kyrerhof im Februar 1964 abgetragen.

Heindlmeier-Gütl.

*Ehemalige Darlehenskasse Mathias Huber,
rechts Innwerkshof. Heute Wilhelm Hübsch-Platz.*

*Innwerkshof, ehemals Steffelbauer. Mitte und rechts:
ehemaliger Jagerbauer, hier: Mitte Uhrmacher Eberle.*

Dorfstraße — links: Heindlmeier Gütl,
rechts: Howascher Anwesen.

Altes Grad-Anwesen, heute Huber Paul, Straßenseite.

Innenhof des Grad-Anwesens.

Eberhof mit Austragshäusl.

Springeranwesen, auch Tafernwirtschaft.

Alte Postkarte aus Töging.

Nach einem Rauchbild von J. N. Eckardt, München 1900.

Gruss aus Töging, den 31. August 1916.

Links: Altes Bahnhofsgebäude, rechts: Krämerei Franz Huber.

*Links: Spenglerei Josef Koch,
Mitte links: Schmiedewerkstatt
von Karl Koch, Mitte: Gradhof,
Bäckerei Käser,
rechts: Kaufhaus Spies.*

Innwerksiedlung (Beamtensiedlung) und Wasserturm, Hauptstraße.

Gütl von Franz Maier an der Hauptstraße.

Huber Am Ort: Innenhof.

*Links: Wasserturm, rechts: Meier-Gütl,
an der Hauptstraße.*

45

Südseite des neuen Bahnhofgebäudes, rechts alter Bahnhof.

Bahnhofsanlage vom Wasserturm aus. Im Hintergrund an der Trafostation die Reindlsiedlung.

47

Töginger Bahnhofsgebäude, erbaut 1869, in Betrieb bis 1929, es hat ab damals als Wohnung gedient.

Neues Bahnhofsgebäude, erbaut 1928/29. In Betrieb ab 1929.

Drescharbeiten auf dem Hartgassnerhof (Mittermeier) in Höchfelden, ca. 1922. Links der alte und in der Mitte im Korb sitzend, der spätere Bauer.

Getreide-Dreschen im Moierhof (Wagner).

Ernteeinsatz
im Jahre 1942
(Zweiter Weltkrieg).

Noch in den Nachkriegsjahren waren
Fuhrwerke mit Pferdegespann nötig,
um die Ernte einzubringen.

50

Ausflug der Innwerkskapelle und des Trachtenvereins am 10. Juni 1927.

Die Töginger Fußballer am 6. März 1927.

Auf diesem Bild aus dem Jahre 1927, welches im Irberhof aufgenommen wurde, sind drei Reiter, die sich auf den Weg nach Erharting machen, um dort beim Stephaniumritt teilzunehmen.

Auch im Irberhof machen sich Männer des Liederkranzes Töging zur Aufstellung für das Dreikönigssingen am 5. Januar 1927 bereit, welches durch Jörg von Reichenbach in Töging eingeführt wurde. Jährlich ziehen sie durch Töging und singen an ca. 50 Stellen des Ortes die Strophen des Liedes „O Glaubensstern, die Welt ist blind". Auch heute wird dieser Brauch noch gepflegt.

Gausängerfest und Fahnenweihe des Liederkranzes Töging
am 16. und 17. Juni 1929.

Festzug durch den Ort Töging.
Im ersten Wagen stehend die Fahnenmutter, Gattin von Dipl. Ing. Hübsch.

Wehrtauglichkeits-Musterung der Geburtsjahrgänge 1913 bis 1917 im Jahre 1936,
ganz rechts steht der damalige 1. Bürgermeister Hans Spies sen.

Umzug beim Erntedankfest am 4. 10. 1934
durch die Jungbauernschaft Töging.
Auf dem freien Platz links, stand die erste
Schulbaracke von 1923 bis 1932.

Diese Aufnahme entstand
beim Einzug in die
Kirche, zur Feier der
ersten hl. Messe des
Primizianten, Herrn
Martin Götz,
am 19. April 1936.

Tracht in Pleiskirchen in den Jahren 1875–80.

Eine Töginger Familie (Lehner) im Jahre 1885.
Der Junge Hansi wurde 1881 geboren.

56

Bild links: Der Junge im Bild (eine Töginger Familie (Lehner) aus dem Jahre 1885 ist Johann Neuberger (Lehner), er heiratete im Mai 1907 die Müllerstochter Fräulein Katharina Brunnhuber aus Ödmühle.

In jungen Jahren unterhielten diese zwei Männer als Hochzeitslader und Komiker in der Tracht.
Der links stehende war Lorenz Wagner, Sohn des damaligen Bürgermeisters von Töging.

Abordnung des Gebirgs-Trachten-Erhaltungsvereins G.T. e. V. Enzian Töging.
Rechts 1. Vorstand Johann Scheck, links 2. Vorstand Alfons Eder. Aufnahme von 1962.

Abordnung der Töginger Freiwilligen Feuerwehr zur Fahnenweihe in Perach, 1962.
Personen von rechts: Georg Aigner, Fahnenjungfrau der FFW Perach, Sepp Hausner, Ludwig Haslinger,
Rudolf Stadler, verdeckt Hans Kaiser.

Fahnenweihe des Veteranenvereins am 30. Mai 1926 auf dem Platz an der Wasserschloßsiedlung.

An der Stelle, wo das heutige, im Jahre 1937/38 erstellte Rathaus steht, wurden 1923 durch das Innwerk zwei Baracken erstellt, die dann neun Jahre als Schulräume und Turnhalle dienten.

Schon am 1. November 1923 konnten 88 Töginger Schüler die erste Schule in Töging mit zwei Lehrkräften beziehen. Der erste Lehrer war Herr Karl Meier. Früher mußte man zur Schule nach Erharting.

1. und 2. Schuljahr am 7. Juli 1930 in der Schulbaracke. Lehrkraft ist Fräulein Erber.

*4. Schuljahr am 17. November 1933, schon im neuerbauten Schulhaus bei der Kirche.
Lehrkraft ist Herr Haggenmüller.*

Das neue Schulhaus, die heutige Schule I. Beschluß des Baubeginns am 6. Februar 1931.

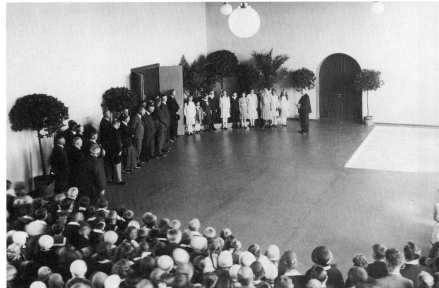

Der Baufortschritt war so günstig, daß bereits am 1. September 1932 der Neubau im Rahmen einer Feierstunde, der Schuljugend übergeben werden konnte.

Die Einweihung der neuen Schule war ein großer Tag für Töging.

*Der im Jahre 1941 aufgelassene Hartanbauernhof, mußte 1961
dem Kindergarten und der Schule II weichen.*

*Die 1908 erbaute Hartankapelle, an der Kreuzung Erhartinger-
straße/Harterweg, wurde 1962 abgerissen.*

Von den Arbeitern bereits bewohnte Häuser am heutigen
Wittelsbacher Platz, Baulos III, ca. 1940.

Laden im Eckerbauernhof (später Kelsch).

Geschäft im Loherhäusl (Erhartingerstraße).

*In gemeinsamer Arbeit und
Kleintierzucht der Siedler...*

. . . wurde auch im Zweiten Weltkrieg für das leibliche Wohl gesorgt.

Hebefeier des Bauabschnittes II der Stammarbeitersiedlung Töging, im Jahre 1938.

Siedlung am Hart - Töging am Inn

Siedlung Oberhart-Töging

Siedlung Erhartingerstraße

Heimstätte Siedlung Oberhart

Schule Töging

Siedlung Wasserschloß

Töging am Inn

Siedlung Wasserschloß

Total

Bahnhof

Innwerk

Luftaufnahme: Siedlung, gegenüber dem Bahnhof Töging, der Gemeinnützigen-Eigenheim Baugenossenschaft, 1954.

Ansicht von Töging — Ortskern — im Jahre 1955. Rechts: Wasserschloßsiedlung, Mitte: Katholische Pfarrkirche St. Johann Baptist, links davon, Schule I, ganz links, evangelische Auferstehungskirche.

Dieses Barackenlager wurde im Jahre 1940 zur Unterbringung der Kriegsgefangenen der französischen und der russischen Armeen erstellt, die zur Arbeit bei der VAW herangezogen wurden.

Nach dem Zweiten Weltkrieg, ab Juni 1945, dienten sie zur Unterbringung der Flüchtlinge und Ausgewiesenen aus den Ostgebieten.

Festzug zur Stadterhebung Tögings am 24. September 1972.

*Festwagen der Honoratioren.
1. Bürgermeister Max Saalfrank und Landrat Seban Dönhuber auf dem Rücksitz.*

Wagen des Siedlerbundes.

Festwagen: Landwirtschaft, Kirche und Industrie.

Festwagen der Vereinigten Aluminiumwerke Töging.

Die Einsiedlerklause in Engfurt.

Die Kunstmühle Reichenspurner in Engfurt, rechts die Klause.

Schmiedewerkstätte Koch in Aresing.

Elektrizitätswerk Reichen-spurner in Engfurt.

Das Nachbardorf Erharting,
an der Isen gelegen.

In der Nähe des Schlosses
Klebing liegt das Dorf
Pleiskirchen.

Prekäre Lage der Mühle in Engfurt, bei der Überschwemmungskatastrophe im Juni 1954.

Zustand der eingeknickten Brücke in Engfurt, nach der Überflutung im Juni 1954.

Die neuerbaute Arbeitersiedlung der Firma Innwerk AG Töging, in Eichfeld bei Mühldorf.
Aufnahme vom 16. Mai 1925.

Der Hof des Bauern Koller in Unterhart, an der Traunsteiner Straße.